गीत-संग्रह

चींटियों के पाँव

चींटियों के पाँव

सत्यमोहन वर्मा

लोकभारती प्रकाशन

लोकभारती प्रकाशन
पहली मंजिल, दरबारी बिल्डिंग, महात्मा गांधी मार्ग
प्रयागराज-211 001

वेबसाइट : www.lokbhartiprakashan.com
ईमेल : info@lokbhartiprakashan.com

शाखायें : 1-बी, नेताजी सुभाष मार्ग, दरियागंज
नई दिल्ली-110 002
अशोक राजपथ, साइंस कॉलेज के सामने
पटना-800 006
1, अनमोल सोराबजी संतुक लेन, धोबी तलाव,
मरीन लाइंस, मुम्बई-400 002

पहला संस्करण : 2023

मूल्य : ₹395

विकास कंप्यूटर एंड प्रिंटर्स
ट्रॉनिका सिटी-201 102
द्वारा मुद्रित

CHEENTIYON KE PAANV
Poetry by Satyamohan Verma

ISBN : 978-81-19133-78-9

अंजलि-अभिषेक
बबीता-आशुतोष
को
प्यार और शुभाशीषों सहित

क्रम

ये मेरे गीत

काल की अनन्त यात्रा में प्रकृति अपनी चिरन्तन लय के साथ गतिमान है। कहा जाता है कि भाव, शब्द और लय के समन्वय से ही गीत जन्मता है। डॉ. सुरेश गौतम के अनुसार "गीतनाद, भाषा और काव्य कला के मणि कांचन समंजन की सुन्दर अभिव्यक्ति है।" स्व. मुकुट बिहारी 'सरोज' का मानना है कि "कविता नैतिक धरातलों पर सम्पूर्ण जीवन की सही व्याख्या है।" सम्भवतः गीत की सुनिश्चित और सार्वभौमिक परिभाषा करना सरल कार्य नहीं है। मैं यह मानकर चलता हूँ कि कविता का आदि रूप गीत ही है। कहीं पढ़ा था कि 'कविता मनुष्यता की मातृभाषा है'। यदि ऐसा है तो उसके स्वरूप और प्रकार पर बहस करना अनावश्यक है।

इस संकलन में मेरे बिलकुल प्रारम्भ से लेकर अभी तक के कुछ गीत संगृहीत हैं। कविता का कोई भी रूप हो वह मेरे लिए एक सृजनात्मक और रचनात्मक कर्म है। वह मेरे लिए प्राणशक्ति

भी है और शब्द शक्ति भी। इन गीतों में सुकोमल रागात्मकता, प्रकृति चैतन्य, स्मृतियों और विद्रूपताओं के शब्द-चित्र हैं। इनमें जीवन की अनेक छवियों के प्रतिबिम्ब परिलक्षित होंगे। स्व. किशन सरोज ने कितना सही लिखा है—

गीत कितने रूप धरते हैं
तुम्हारा मन नहीं छूते
बड़ा आश्चर्य है।

इस संकलन के प्रकाशन के लिए अनेक मित्रों के साथ मैं, आवरण चित्र के लिए सम्मान्य प्रो. मणिमोहन जी का विशेष आभारी हूँ। लोकभारती प्रकाशन के प्रति कृतज्ञता ज्ञापित करता हूँ। अब यह आपके हाथों में है और मैं मूल्यांकन की चिन्ता से परे हूँ।

श्री रीतेश मालवीय के परिश्रम की भी मैं दिल से सराहना करता हूँ।

समस्त आत्मीयजनों के प्रति कृतज्ञता ज्ञापित करते हुए, यह संकलन आपके हाथों में सौंपता हूँ।

धन्यवाद!!

'वर्मा निवास', असाटी वार्ड नं. 2
दमोह (म.प्र.) 470661

—सत्यमोहन वर्मा

चींटियों के पाँव

एक ख़ुशबू सा

एक ख़ुशबू सा
बिखरना चाहता हूँ।

देख कर शुचिता गगन की
और पावनता पवन की
ओस बूँदों सा निखरना चाहता हूँ।

समय का पहरा उमर पर
प्यास सहरा की अधर पर
बारिशों सा बन सँवरना चाहता हूँ।

हिमाच्छादित घाटियों में
नीलनभ की वादियों में
मेघ छन्दों सा उभरना चाहता हूँ।

हाथ पर एक फूल धरकर
कान में कुछ बात कह कर
प्रणय-गंगा में उतरना चाहता हूँ।

क्यों न आये

क्यों न आये
बादलों के देश का पंछी मुसाफ़िर
जब तुम्हारे रूप का पिंजरा बुलाये।

मात्र आकर्षण बहुत है ज्योति का
लाँघने को घाटियाँ तम की
है बहुत मुस्कान की नन्ही किरण
चीरने को वादियाँ ग़म की

आँधियों की, धूल की परवाह क्यों हो
यदि निमंत्रण दें गुलाबों के चमन
गर सृजन से मान्यता मिल जाये
हर कली का ओढ़ लूँ पीला कफ़न

एक शीतल बूँद की सम्भावना भर हो
जग मरुस्थल की जलन बन कर जले
साधना की स्वाति साँसों में सँजोकर
रेत के कण-कण उबाले और गले

वह शलभ सा
प्राण को करने न्योछावर आयेगा
यदि तुम्हारी दीप लौ सर को झुकाये
क्यों न आये।

निरर्थकता

धरा पर जो न सार्थक हों
ऐसे गगन के गीत क्या गाना।

तिनके सरीखे हम
समन्दर में बहे तो क्या
लहर के गीत में उलझे
भँवर की प्रीत में उलझे
शबनम सरीखे जा
धरा पर बिछ गये तो क्या
हमारे प्रश्न सूरज के
नगर में कब कहाँ सुलझे
जिस जलधि का है नहीं कोई किनारा
उस उदधि में क्या अरे किश्ती चलाना।

क्षितिज की बाँधने दूरी
न अपनी बाँह फैलाओ
हमारी और तुम्हारी
बाँह दूजे काम आयेगी
नज़र की टकटकी बाँधो नहीं
झिलमिल सितारों पर
नज़र से राह पहचानो
तो वो मंज़िल बतायेगी
हमारे बाग़ में जो खिल नहीं सकता
ऐसे कुसुम-आकाश से क्या दिल लगाना।

दोराहा

एक तरफ़ साहिल का अमृत, दूजी ओर भँवर का विष
किधर खे चलूँ अपनी नैया, यहीं दोराहा जीवन का।

सुख की पवन बनूँ या दुख
की आँधी बन छा जाऊँ मैं
जीवन की यति को गति दे
दूँ या बाधा बन जाऊँ मैं
सृजन बनूँ या नाश बनूँ मैं, यहीं दोराहा जीवन का।

अमराई की छाँव बनूँ मैं
या खजूर की परछाईं
पायल की रुनझुन बन जाऊँ
या खोये स्वर की झाईं
जलन बनूँ या शीतलता मैं, यहीं दोराहा जीवन का।

मरु की प्यासी प्यास माँग लूँ
या माँगूँ रस के बादल
ऊषा का सिन्दूर समेटूँ
या भर लूँ निशि का काजल
चाँद बनूँ या दाग चाँद का, यहीं दोराहा जीवन का।

नादानी

मैं रुका
फिर बढ़ गया लेकर सहारा
बस यही है एक नादानी
कि मैं हिम्मत न हारा।

रात की स्याही ने आकर घेर ली तन्हाइयाँ
मेरी मजबूरी सिमट कर रह गई परछाइयाँ
पर न जाने कौन सी
अनजान चाहत ने सहज
दीप की जलती शिखा बन
जब मुझे झुक कर पुकारा
मैं रुका
फिर बढ़ गया लेकर सहारा।

सात स्वर की ज़िन्दगी में अनगिनत गाये तराने
खो गये लेकिन सभी अपना कहा कुछ भी न माने
अब न गाऊँ तोड़ दूँ यह साज़
जब मन में समाया
एक टूटे तार की
झंकार ने आकर दुलारा
बस यही है एक नादानी
कि मैं हिम्मत न हारा।

हर पत्थर से प्यार हो गया

इतनी पथ पर खाई ठोकर
हर पत्थर से प्यार हो गया
इतने दर्द समेटे हमने
हर ग़म पर अधिकार हो गया।

नयनों के रीत गये आँसू इतने छलके
मन की पीड़ा मुस्कान बन गई अधरों पर
पा गया अन्त में खो खोकर इतनी पूँजी
जो शेष रहेगी अगर लुटाऊँ जीवन भर
ऐसा कुछ अस्तित्व दे गई, है उलझन
जहाँ जहाँ मैं लुटा वहीं पर, अपना ही घर द्वार हो गया।

हर बार बादलों ने आ घेर लिया चन्दा
पूनम की रात अमावस बनकर चली गई
हर बार ख़िज़ाँ ले आई ऐसा नया रंग

बगिया मेरी मौसम बेमौसम छली गई
अब लाख मुझे पीले पत्ते दिखलाओ तुम
क्या भय मुझको, जब हर मौसम पतझर हो गया।

असम्भव

तुम्हें भूल जाऊँ ये सम्भव नहीं है।

मेरे गीत की गन्ध
जिससे सुवासित
उसे भूल गाऊँ ये सम्भव नहीं है।

मेरी आँख की कोर
में तुम सजे हो
नहीं मुस्कराऊँ ये सम्भव नहीं है।

तुम्हारी किरण से
मेरे घर उजाले
मैं न जगमगाऊँ ये सम्भव नहीं है।

मेरी आराधना है
सकल ध्यान तेरा
स्वयं से छिपाऊँ ये सम्भव नहीं है

मीत मेरे

मीत मेरे अनजान
न टूटे कड़ी प्यार की।

भूले भटके राही को
चिर परिचित से मिल गये आज
जैसे गरीब के माथे पर
रख दिया समय ने स्वर्ण ताज
मीत मेरे नादान
न बीते घड़ी प्यार की।

ज्यों कमल झूम कर गा उठता
रवि सोने वाली किरणों पर
मेरे मन का मयूर नचता
तेरे बादल स्वर को सुनकर
मीत गया पहचान

कि तुम हो लड़ी प्यार की।

मीत मेरे अनजान
न टूटे कड़ी प्यार की।

तेरा रूप

काली अलकें
बोझिल पलकें
रस की गागर छलकें।

मुख चन्द्र कमल
विस्मित प्रतिपल
गालों में गुलाब महकें।

सुरभित काया
स्वप्निल माया
साँसों में अंगारे दहकें।

पिघले सोने सा रूप
बदली से झाँके धूप
प्रणय के प्रिय पंछी चहकें।

अकलुषित

प्यार कलुषित हो नहीं सकता।

प्यार है ऐसी सुधा
जो भी पिये
वह चमन में फूल सा
खिल कर जिये
प्यार का अनुबन्ध
दूषित हो नहीं सकता।

प्यार है वो गीत
जिसने गा लिया
स्वर्ग उसने
इस धरा पर पा लिया
प्यार का एहसास
घोषित हो नहीं सकता।

प्यार कलुषित हो नहीं सकता।

एक मन

क्या करें
आकर तुम्हारे द्वार
बन्द साँकल
और बन्द किवार।

तुम निमंत्रण भेजकर
सो रहे
जा सेज पर
यूँ निभाए जा रहे हैं
सहज शिष्टाचार।

एक मन
आवाज़ दूँ
कुछ नवीन
रिवाज दूँ
उन्मुक्त जिससे हो सकें
अभिजात शयनागार।

एक बाज़ी और

एक बाज़ी और
फिर मैं
जीत लूँगा ज़िन्दगी
या मान लूँगा हार।

आज तक हारा
सही है, हार जाऊँ
और मुमकिन है
हक़ीक़त यह
बदलने भी न पाऊँ।

एक दस्तक और
फिर मैं
जीत लूँगा बन्दगी
या छोड़ दूँगा द्वार।

चेतावनी

इस पुण्य भूमि पर
फिर से यदि नन्दन लहराना है
तो भीड़ कम करो
मधुबन के लुट जाने का डर है।

वैसे ही तस्वीर हमारी धुंध भरी
अस्त व्यस्त हो रही व्यवस्था की गठरी
अगर भविष्यत
इन्द्रधनुष सा रँगना है
तो धुआँ कम करो
स्वप्नचित्र मिट जाने का डर है।

बदहवास हो गया निखिल जीवन दर्शन
चौराहों में बदल गये हैं घर आँगन
दिव्य गीत यदि

मधुर स्वरों में रचना है
तो शोर कम करो
वरना दम घुट जाने का डर है।

जीवन ज्योति

क्या जीवन में ज्योति है जीने की

हाँ जैसे बारह माहों में
हर ऋतु का गौरव अलग अलग
ख़ुशबू का वैभव अलग अलग
बस ठान चलो शिव के समान विष पीने की
जीवन में ज्योति है जीने की।

दो पहलू की तस्वीर है जग
इस जग को जीवन कर डालो
शूलों को फूल बना डालो
और मान चलो सब फटे कलेजे सीने की
जीवन में ज्योति है जीने की।

जिन गुज़री बातों को सुनकर
मन और पलक में नम आये
दिल के नभ पर बदरा छाये
धुँधलेपन को हर लेना है लौ जला के ख़ून पसीने की
जीवन में ज्योति है जीने की।

धुयें के रंग

आज अजनबी हूँ अपने ही घेरे में
जाने किसने भरे धुयें के रंग मेरी तस्वीर में।

जग के दर्पण में अपनी
सूरत अनजानी लगती है
सुधियों के काग़ज़ से मिटती
सहज कहानी लगती है
अनचाही यह कथा समापन तक कैसे पहुँचे
जुटा रहे हैं सूत्र सभी अपनी अपनी तदबीर में।

कल ही देखा था बगिया में
मधुऋतु आकर चली गई
कल ही देखा प्रीत कली की
भँवरों द्वारा छली गई
हँसी ख़ुशी को संग लिये सब कहते हुए गये

बाँध दुखों की गठरी लाये तुम अपनी तक़दीर में।

यार बड़ा ही डर लगता है
दुनिया में कुछ कहने का
कि मंज़िल का कुछ पता नहीं
और व्रत ले रक्खा चलने का
इसी सोच में पड़े पड़े यह रस्म बन गई है
जन्म मरण की कड़ी जुड़ रही जीवन की ज़ंजीर में।

अन्ततोगत्वा

हारों की नादान हरकतें कर लें जी भर मनमानी
नेह हार पर अमृत बन ढल जाने वाला है।

मिट्टी से उठ कर फूल खिलेगा बगिया में
जब तक न्योछावर है बहार पतझारों पर
भँवरों के बन्धन बाँधेंगे कितनी लहरें
हर लहर पहुँच जायेगी दूर किनारों पर
अपनी साँसों के तारों को तुम कस लो जी भर के
इनकी सरगम पर कोई फिर कुछ गाने वाला है।

जब चकोर ने रो रो कर काटी है काली रातें
नभ में पूनम का चाँद निकल ही आयेगा
चातक कुछ बोले या कि न बोले पल भर भी
बादल ख़ुद आकर स्वाति बूँद पिलायेगा

जो बीज रौंद डाला दुर्दिन ने हँस-हँस कर
बनकर के फ़सल खेत में कल लहराने वाला है।

नेह हार पर अमृत बन ढल जाने वाला है...

अशेष

मृगजल की तृष्णा में
आदम की साँसों के
सारे घट रीत गये।

मौत के मसीहा फिर
जीवन संवादों से
दाँव सभी जीत गये।

सुख दुख की छाँवों में
मुक्त जिये जाने के
पल दो पल बीत गये।

शेष रहा सुधियों का महाकाव्य
प्रियदर्शी रचना के
छंद गये गीत गये।

बेहिसाब

बेहिसाब सपने थे
गिनती के दिन।

सपने ज्यों
जादुई कहानी हों
दिन थे ज्यों
सहरा में पानी हों
स्वप्न कथा शेष हुई
चुभन हुए दिन।

सपने ज्यों
काँच के खिलौने हों
दिन थे ज्यों
चंचल मृगछौने हों
सपने सब टूट गये
हिरन हुए दिन।

कदापि नहीं

जहाँ प्यार की
पावन दुआ नहीं
मैंने उस दामन को
छुआ नहीं।

भले कल्पतरु
पारिजात सी
सौगातें बाँटे
और बेड़ियाँ
सपनों की काटे
जहाँ नेह की
शीतल छाँव न हो
मैं उस आँगन का
सुआ नहीं।

मन वाणी के
संशय में गर
डूबे हों सम्बन्ध
और टूटते
जाते हों अनुबन्ध
जहाँ प्यार की हो भाषा दूषित
मैं उन रिश्तों का
हुआ नहीं।

जहाँ प्यार की
पावन दुआ नहीं।

बोलो कौन?

मेरा केवल एक प्रश्न है
पर सब मौन।

घर घर उत्सव
गूँज रहे हैं गलियारे
हर छत पूनम
महल अटारी उजियारे
लेकिन कोई तो
इतना संकेत करो
जय यात्राओं में
केवल हम क्यों हारे
हमने हर दिशि ज्योति बिखेरी
मेरे तम काटेगा कौन?

जीवन पथ पर छूट गया
क्यों जनम संगाती
जिसका कोई ठौर
न कुछ सन्देश न पाती
कौन थाम कर हाथ
पार ले जायेगा
पथ बुहारकर
दुलराता जीवन थाती
हमने सबकी ख़ुशी बाँट ली
मेरे ग़म बाँटेगा कौन?

अच्छा किया

फूल को पाहन दिया
अच्छा किया।

दान की क्षमता
विभाजन की परख का
शुक्रिया
दर्द को सावन दिया
अच्छा किया।

जिसकी चुभन सहते
आँसुओं में मुस्कराते
चल रहे हैं हम
शूल को दामन दिया
अच्छा किया।

ढल रहे हैं हम
भविष्यत की अँधेरी
सीपियों में
धूप को आँगन दिया
अच्छा किया।

आदतन

रोज़ की तरह
तेरे ख़त का इन्तज़ार रहा।

वाक़िफ़ हैं बहुत ज़्यादा
तेरी आदतों से हम
तेरी फ़ितरतों से हम
फिर भी अपने
तसव्वुर पे एतबार रहा।

मुमकिन तो नहीं है
इस दौर में मगर
उस यक़ीन का
करें क्या जो बरकरार रहा।

रोज़ की तरह
तेरे ख़त का इन्तज़ार रहा।

बनजारे-मेघ

नीलम की नगरी में
बनजारे घिरे मेघ।

गर्मी में झुलसाये वृक्ष से
लेकर सन्देश-पत्र यक्ष से
युग जागी आँखों में सपनों से तिरे मेघ।

उमस भरे दिन कैसे काटे
दर्द कोई समझे तो बाँटे
शीतल सौगात लिये गली गली फिरे मेघ।

गिरि श्रृंगों ने फैलाई बाँहें
रसधर की नित्य तकी राहें
आ तब आलिंगन में कजरारे गिरे मेघ।

दिन को भी रात किये जाते
जाने क्या बात किये जाते
आवारा अधरों पर गीत, बने निरे मेघ।

मेघदल

नाज़ से मेघदल
बावरे हो गये।

भूमि ने भेज दी
पातियाँ नेह की
ले के आये जलद
डोलियाँ मेह की
गाज से गिरि-धवल
साँवरे हो गये।

दर्प से काँपती
भीगती देह में
हर्ष से गुनगुनाते
हुए गेह में
लाज से मन-कमल
रावरे हो गये।

भीगता आकाश

घन आँजती पुरवाई
और धुँधलाता हुआ आकाश।

उत्कंठिता सौदामिनी
रह रह झगड़ती है
उन्मत्त होकर
मेघ बाँहों में जकड़ती है
तन गारती पुरवाई
और अकुलाता हुआ आकाश

लरजते बादलों के दल
घुमड़ते हैं बरसते हैं
यक्ष तक सन्देश पाती को
तरसते हैं
मन मारती पुरवाई
और झुँझलाता हुआ आकाश।

फिर-फिर

फिर घिरे बादल
आकाश अंबुधि में
अनुग्रह से तिरे बादल।

याद के अनुरूप आकर के विगत से जोड़ जायेंगे
पल झपकते ही अयाचित इन्द्रधनु को तोड़ जायेंगे
दक्ष हैं उत्पाद में
दिखते निरे बादल।

निखिल निधियाँ विमल जल से हेय हों जैसे
मान से ऐसे घुमड़ते हैं कि अपराजेय हों जैसे
यक्षधर्मी पूर्वग्रह से
सिर फिरे बादल।

फिर घिरे बादल...

बावरी बरखा

रिमझिम बूँदें फूँकें तुरही
मेघा ढोल बजाये रे
सावन की चूनर में धरती
दुल्हन बन शरमाए रे

हरियाली ने मंडप ताना
वेदी रची बहारी ने
तरुवर झुक आशीष दे रहे
बाँचे मंत्र फुहारों ने
कलियाँ सखियाँ झूम झूम के
गीत बिदा के गायें रे।

तभी खेत के झूलों से सुन
धुन लहराती सी आती
आया सावन आई बरखा

आई नहीं पिया पाती
धानी चूनर देख देख के
अंग मोरा जल् जाये रे।

तुम समझना

जब घने बादल
घिरें आकाश में
बाँध कर बिजली
रुपहले पाश में
तुम समझना फिर तुम्हारी याद कौंधी है
तुम समझना आँख फिर से डबडबाई है।

जब हवायें यक्ष
की पाती सुनायें
कान में अभिसार
के पद गुनगुनायें
तुम समझना फिर कहीं मल्हार गूँजा है
तुम समझना फिर मेरी मनुहार आई है।

जब अँधेरी रात में
छम छम फुहारें
पाँव की पायल
बजा तुमको पुकारें
तुम समझना फिर कि मेरा स्वप्न टूटा है
तुम समझना फिर न मुझको नींद आई है।

अकारण

तृप्ति की बौछार
फिर क्यों
एक अनबुझ प्यास?

रात हो बरसात झर-झर
और प्रिय अभिसार पथ पर
मेघ की मनुहार
फिर क्यों
व्यर्थ का संन्यास?

बादलों के देश की मुखरित कथा
गीत रचती जा रही भीगी व्यथा
गूँजता मल्हार
फिर क्यों
दर्द का विन्यास?

बूँद पानी की विमल होकर गिरे
कामना आकाश की थल पर तिरे
यह मिलन त्योहार
फिर क्यों
दर्प का अभ्यास?

वय:सन्धि

वर्षा वधू सजल नयनों से लौट गई अलका नगरी
शरद प्रिया कमला बन नभ से अँगना में उतरी।

पहिन हरित परिधान हुई बोझिल डाली डाली
वन प्रान्तर में झर-झर झर-झर झरती शेफाली
नव जागृत हो अवनि
पुष्प शृंगार किये सँवरी।

नीला अम्बर तारक मणियों से करता विन्यास
बादल के दल बिखर गये हैं लेकर के संन्यास
धवल ज्योत्स्ना लुटा रही है
चाँदी की गठरी।

तिमिरागत का स्वागत करने दसों दिशायें मतवाली
पाहुन घर आने वाले हैं सजी दीपकों से थाली
चंचल होकर अधर अधर पर
मंगल ध्वनि लहरी।

दीप : मैं

गोद में अँधेरे की
ज्योति का किरीट पहिन
संध्या से प्रातः तक
ओर छोर जलता हूँ।

आदि और अन्त से
होकर अनभिज्ञ सहज
प्रवहमान सपने सा
कोर कोर पलता हूँ।

कामधेनु धरिणी पर
कालिमा अमावस की
दीप्तिमान करने को
पोर पोर गलता हूँ।

मौत के इरादों से
प्रेरित गतिमान सतत
सत्य की तलाश में
ठौर ठौर चलता हूँ।

गवाही

मन मार कर भी दीप लौ जलती रही
ख़ामोश थी पर बात कुछ चलती रही
मैं नहीं रोई नहीं रोई कहा नादान ने
इस तरह से एक पीड़ा प्राण में पलती रही
लाख तुम पर्दा गिराओ सत्य पर
सत्य का संदल गवाही दे रहा है
कि दीप लौ रो रो जली है रात भर
भीत का काजल गवाही दे रहा है।

हम दर्द मेरे चाँद का ग़म कम नहीं है
है मुझे विश्वास मानो भ्रम नहीं है
वह भले ही पोंछ ले आँसू नयन के
और कह दे घर मेरे मातम नहीं है
मीत मेरे तुम भले ही मत बताओ

घूमता आकाश में बादल गवाही दे रहा है
कि चाँद तुम रोते रहे हो रात भर
दूब का आँचल गवाही दे रहा है।

प्रश्नाकुलता

तिमिर के जाल काटे
क्या रोशनी के पास
पैनी धार वाला दन्त अब कोई नहीं है?

ज़िन्दगी को जानलेवा पाश में तम ने कसा है
दीप्ति की संवेदना को नाग सा उसने डसा है
विष गुंजलक से मुक्ति दे
क्या साधना सा सन्त अब कोई नहीं है?

यातना से त्रस्त मथुरा बाट जोहे सजल दृग से
किन्तु आस्था का स्यंदन रिक्त आता दूर मग से
भय अनय से त्राण दे
क्या कृष्ण जैसा कन्त अब कोई नहीं है?

अल्पनायें मिट रही हैं सकल जीवन बोध की
सम्भावनायें चुक रही हैं छद्म के प्रतिशोध की
युगबोध को उजियार दे
क्या सूर्य सा जीवन्त अब कोई नहीं है?

अनवरत अँधियारा

अनवरत अँधियारा
तिमिर भवन
कौन करे आलोकित
आस्था का दीप्ति पुंज
बुझा हुआ अंगारा

अहर्निषि मूल्यों का विघटन
कुंठा, संत्रास और भटकन
वल्गायें अश्वों के पाँवों में
स्यंदन, सारथि विहीन बंजारा।

नेह सदा अनमना
और विवेक आन्दोलित
अपनापन, संवेदन, दुर्भाषित
यात्रायें बैसाखी समर्पिता

व्यवहृतियाँ स्वर विहीन इकतारा।

पृष्ठ यह पलटना है
ज्योति छंद रचना है
प्रार्थनायें द्वार, द्वार आवाज़ें
लक्ष्य मात्र अन्तहीन उजियारा।

जी नहीं करता

जी नहीं करता इस कुनकुनी धूप से उठूँ।
ऊष्मा के मधुर अनुरूप से उठूँ।

पोर पोर चैतन्य फूँक कर लहरा जाती है।
तिमिर छंद को ज्योति अर्थ दे दुलरा जाती है
जी नहीं करता
तपन के
दीप्ति गर्भा कूप से उठूँ।

पीठ पर धर हाथ देती सांत्वना धीरज बँधाती है
बर्फ़ जैसी ज़िन्दगी को आँच देकर लौ लगाती है
जी नहीं करता
समय के
सूर्यपंखी सूप से उठूँ।

धवल दुनिया

शुभ्र जितनी चाँदनी है
एक दुनिया
धवल इतनी जन्मनी है।

चल रहीं जो इन दिनों
परिवेश में
उन हवाओं की
दियों से दुश्मनी है।

भोर का तारा नहीं निकला
अभी तक
सोच कर यह रात
बेहद अनमनी है।

पर यक़ीं है सूर्य उगेगा
फ़लक पर
क्योंकि अब तक धरा अपनी
अधबनी है।

ग्रीष्मारम्भ

धूप फिर
आँखों में गड़ने लगी।

हवायें फिर चलने लगीं ज़ोर से
कान कटे जाते हैं शोर से
बरगद की डाल
पीपल से लड़ने लगी।

कुछ पत्ते पीले कुछ हरे हुए
लेकिन सब लगते हैं डरे हुए
नियति मनचाही
तस्वीरें जड़ने लगी।

धरती की छाती तक दरक गई
जलधारा फिर तट से सरक गई
सड़कों की धूल
सर चढ़ने लगी।

आख़िर क्यों

सुलगती दुपहर
तपती शाम
अप्रत्याशित पानी की बौछार
पिघले सोने सा घाम।

गीली मिट्टी से
उठती सौंधी गन्ध
याद आ गये
कुछ झूठे अनुबन्ध
और कुछ
बिसरे हुए पयाम।

आख़िर यह कैसा संयोग
कि पानी की बौछार
और पिघले सोने सा घाम...

अकल्पनीय

आज लगा
मन कैसे टूटा करता है।

मैं तो ख़ुश था ऋतुराज के आने से
अकल्पनीय घट गया किसी के जाने से
आज लगा
तट कैसे छूटा करता है।

मौसम ने अनुकम्पा रस की कर दी थी
किन्तु नियति ने ख़ाली गागर धर दी थी
आज लगा
विधि कैसे लूटा करता है।

पात्र रचा क्यों तुमने कच्ची माटी का
हो न सका जो ठोकर की परिपाटी का

आज लगा
घट कैसे फूटा करता है।

वासन्ती गंध

टेर गया वन पाखी भिनसारे ताल पर
अग्निपुष्प दहक गये टेसू की डाल पर।

बैठ गया शिशिर शान्त अनमना उदास
मलिन हुए अंग अंग शिथिल हुई साँस
मोह भरी दृष्टि डाल लेता है काल पर।

पीत वसन त्याग दिये बौर गई अमराई
महुओं से गंध छीन बहती है पुरवाई
प्यार भरी थपकी दे जाती है गाल पर।

भीग गये वन उपवन ख़ुशबू के हमले में
अर्धरात्रि उठ बैठा बेला जब गमले में
चौंक चौंक जाते हैं अपने ही हाल पर।

सुख दुख के छन्दों से रची हुई कविता सा
जीवन गतिमान सतत निर्मोही सरिता सा
मनचाही रेखायें खींच रहा भाल पर।

फिर पलाश फूले

फिर पलाश फूले
उनमें जलती आग चाहती
आसमान छूले।

जुड़ने लगीं प्रकृति कोषों में नेह सनी सौगातें
तपे स्वर्ण से दिवस और चंदा सी शीतल रातें
लेकिन इनमें कोई अपना
कितना दुख भूले।

वन उपवन सब त्याग रहे हैं पीले वस्त्र पुराने
हम सदियों से ओढ़े बैठे जर्जर ताने बाने
वे ही पथराई सी आँखें
सपने लँगड़े लूले।

सजने लगी पवन पंखों पर सुरभि वधू की डोली
शाखों पर बहुरंगी किसलय रचा रहे रंगोली
लेकिन अपने आँगन वे ही
अवसादों के झूले।

रंग नहीं भाये

जाने क्यों मेरा मन हाथ नहीं आये
रंग नहीं भाये गुलाल नहीं भाये।

दहके टेसू मन बहका महक गईं कलियाँ
अँसुअन घट डूब गईं कजरारी गलियाँ
फागुन में भी नैना सावन बरसाये।

जाकर परदेस बसे साँवरिया मेरे
पनघट तो पनघट है गागरिया टेरे
सतरंगी चूनर बेदाग रही जाये।

गुन अवगुन विफल हुए धीर धरूँ कैसे
लहर लहर बागी है तीर करूँ कैसे
जीवन जलयान धार हिचकोले खाये।

एक दिन

तमन्ना है
तो आँखों में
नगीना आयेगा एक दिन।

लाख तूफ़ाँ हो अँधेरे हों
और झंझावात घेरे हों
इरादा है
तो साहिल पर
सफ़ीना आयेगा एक दिन।

ज़िन्दगी यद्यपि अभावों सी
रेत में धँस रहे पाँवों सी
हौसला है
तो जीने का
क़रीना आयेगा एक दिन।

आईना सब कुछ दिखा देता
समय सब कुछ सिखा देता
भरोसा है
तो चेहरे पर
ज़रीना आयेगा एक दिन।

क्यों

अब की बार
मिला जब तुमसे
जी क्यों भर आया?

पहले जब भी मिलते
कोई ग़म न था
मुक्त विहग से उड़ते
कोई कम न था
वही विगत
फिर इन आँखों में
क्यों कर झर आया?

क्या यह क़ुदरत
हँसने का भी बदला लेती है
इससे जो भी माँगो

उसका उलटा देती है
हमने माँगी ख़ुशी
हमारे दरवाज़े पर
क्यों दुख धर आया?

जी क्यों भर आया।

ज़िन्दगी

कौन सी अवमानना थी
होम कर दी ज़िन्दगी।

गंध सा उड़कर बिखरना था मुझे
स्वर्ण सा गलकर निखरना था मुझे
कौन सी हठ-साधना थी
मोम कर दी ज़िन्दगी।

किस दिशा से कौन सी आवाज़ थी
जिस वजह यह बेझिझक परवाज़ थी
कौन सी सम्भावना थी
व्योम कर दी ज़िन्दगी।

अर्चना-तट आज तक छूटा नहीं
आज तक वह ध्यान फिर टूटा नहीं
कौन सी आराधना थी
ओम् कर दी ज़िन्दगी।

नहीं लौटी नदी

वचन देकर भी
नहीं लौटी नदी।

था विदित सम्भव नहीं होगा
फिर भी हमने दंश को भोगा,
सुन जिसे हँसती रही पूरी सदी।

धार के विपरीत में बहना
बहुत मुश्किल बात सच कहना
ज़िन्दगी यह वर्जनाओं से लदी।

हर किसी की बात में आया
फल किये का आप ही पाया
नेकियों के मूल्य बिकती है बदी।

ओढ़ ले बैराग चुप सो जा
या कि विप्लव की तरह हो जा
आँसुओं से नहीं कटती त्रासदी।

वचन देकर भी
नहीं लौटी नदी।

कितने दिन

मरु की मनमानी पर कोई
ये उदधि उलीचे कितने दिन।

हो लाख मुहब्बत फूलों से
या तल्ख़ दुश्मनी शूलों से
सब यहीं धरा रह जायेगा
ये बाग़-बग़ीचे कितने दिन।

माटी माटी इस नगरी में
क्या जोड़ रहा है गगरी में
कल की जब कोई ख़बर नहीं
ये गाव-गलीचे कितने दिन।

जब क्षितिज पार की दूरी हो
और भटकन ही मजबूरी हो
यायावर की क़िस्मत पाई तो
ये द्वार-दरीचे कितने दिन।

कैसे शाम करूँ

असम्बद्ध हो रहे सभी रिश्ते नाते
हर चौराहे खड़े हुए आक्रोश प्रबल
अपनी डफली अपना राग सभी गाते
किसके गुण गाऊँ, किसको बदनाम करूँ?

गूँगों की आवाज़ कान बहरे जग के
चकाचौंध आडम्बर वाली नगरी में
सभी लोग बीमार किसी दुखती रग के
संकल्पों के सपने, किसके नाम करूँ?

कुंठाओं के मेले, सजी दुकानों में
विघटित मूल्यों पर सौदे तय होते हैं
नये नये आयाम नये पैमानों में
किस पर आस्था वारूँ, पुण्यप्रणाम करूँ?

मेरा भी मन करता है रुक जाने को
ये जो आकर्षण बिखरे हैं गली-गली
इनके हाथों बिना मूल्य बिक जाने को
लेकिन भरी दुपहरी, कैसे शाम करूँ?

तुमने भी नहीं गाये

हम अपनी ज़िन्दगी को
इन्द्रधनु सा रंग नहीं पाये
इसी कारण मेरे ये गीत तुमने भी नहीं गाये।

नदी बन के रहे बहते
सदा हम बीहड़ों वन में
निमिष भर भी नहीं ठहरे
किनारों के प्रलोभन में
गुलाबों की तरह जन्मे मगर काँटों के दुलराये।

फ़रेबों के नगर में हम
सदा बोले तो सच बोले
मगर सन्देह ने हरदम
सुधा घट में ज़हर घोले
उसूलों को महज़ ऐ दोस्त छल के आवरण भाये।

यह तय था हम ज़रा झुकते
तो जयमाला वरण करती
उमर की आम्रपाली भी
सती सा आचरण करती
चुने सुविधा के सूरज की जगह दम घोंटते साये।

प्रतिकूल

कैसी यह प्रार्थना क़बूल की
फूलों सी ज़िन्दगी बबूल की।

सूर्य, गगन माँगे तो अन्धे गलियार मिले
जल की उम्मीदों में मरुस्थल विस्तार मिले
श्रीहत सम्भावना समूल की।

जीवन का नन्दन वन झुलस गया ज्वाला में
पिरो गया विष मनका साँसों की माला में
तार तार भंगिमा दुकूल की।

घेर गया घना धुआँ पल प्रतिफल हल्के से
रौंद गया सपनों का चित्र ही धुँधलके से
अर्थों की भाषा प्रतिकूल की।

क्षमस्व

यात्राओं से
जांबाज़ों ने क्षमा माँग ली।

विघटनकारी पवन
असमंजस में गगन देखकर
वन पाखी से
परवाज़ों ने क्षमा माँग ली।

ख़ामोशी का वरण
भाषा का आचरण देखकर
उद्घोषों से
आवाज़ों ने क्षमा माँग ली।

जगवालों के चलन
भय को सादर नमन देखकर
सद्भावों ने दरवाज़ों से क्षमा माँग ली।

जाँबाज़ों ने क्षमा माँग ली।

निरर्थक

हम तो उलझे हैं
अपनी ही बुनी व्यथाओं में।

अर्थहीन आडम्बर
लेकर बियाबान में
वर्तमान को छोड़
भविष्यत खोज रहे हैं
अन्ध प्रथाओं में।

स्कन्धों पर
प्रश्नाकुल शव
लिये हुए बैताल का
समाधान को बाँच रहे हैं
दन्त कथाओं में।

कब तक
असमंजस को लेकर
जीने का यह उपक्रम होगा
कब तक और भटकना होगा
यथा-तथाओं में।

अपनी ही बुनी व्यथाओं में।

अपेक्षाकृत

अपेक्षाकृत
अँधेरा और गहरा हो गया है।

बाँटने को लाये थे
आलोक निधि जो
उन्हीं पर षड्यंत्र का अब
सघन पहरा हो गया है।

अर्थ क्या आवाज़ तक
सुनने को नहीं तत्पर
महाजन ज्योति का
इस भाँति बहरा हो गया है।

वह पढ़ भी नहीं रहा है
तेरी प्यास की कहानी

समन्दर आँसुओं का
सूख सहरा हो गया है।

अँधेरा और गहरा हो गया है।

फ़ासले

आज इतने पास मेरे
किन्तु कितने दूर हो तुम।

तार से झंकार की जैसी हमारी है निकटता
किन्तु शव से साँस की दूरी लिये हैं हम
फूल से रस गंध का नाता हमारी ही कहानी
किन्तु टूटे फूल डाली से विलग हैं हम
धूल की जो फूल से दूरी
कि इतने दूर हो तुम।

पास इतने कि जितने क्षितिज पर हैं धरा अम्बर
दूर इतने कि जितने ज़मीं से हैं चाँद तारे
पास इतने कि जैसे आँख में सपने सजे हों
दूर इतने कि जितने आँख से मृगजल किनारे
तुम्हें पाकर भी न पाया
बस कि इतने दूर हो तुम।

विदा

अब बाबुल, देहरी, दरवाज़े यह सब हुए पराये रे
सजी पालकी खड़ी द्वार पर बहिन पिया घर जाये रे!

सुखी रहो सौभाग्यवती भव
तुम सावित्री सीता सी
सदा समर्पित कर्मभक्ति सम
तुम रामायण गीता सी
नयनन नीर बहा मत बहिना ममता न बह जाये रे!

अष्ट सिद्धि नव निधि के दाता
भरे रखें भंडार तुम्हारे
सूरज चंदा बारी बारी
आकर बैठें द्वार तुम्हारे
प्यार हमारा, माँग तुम्हारी मोती से भर जाये रे!

जब भी याद हमारी आये
दर्पण सम्मुख रख लेना
अपनी छवि धूमिल देखो तो
सबकी व्यथा परख लेना
दुख की घड़ियों में भी तेरा धैर्य सदा मुस्काये रे!

परिणय

मंगल कलश द्वारे सजे आये मेरे जीवन अयन
प्रमुदित सकल प्रियजन विमल आनन्द स्रोत बने नयन।

    तुम सुनीलाम्बर तले
    चमको सुहावन चन्द्र से
मैं तुम्हारे हृदय सरु में जा खिलूँ अरविन्द बन।

    प्रकृति पुरुष मिलाप की
    नित नव बजें शहनाइयाँ
दो मधुर स्वर एक हों गूँजे अवनि झंकृत गगन।

भावनामय रूप छवि
नव सर्जना के पथ चली
शिव कर्म की बहती रहे चहुँओर ही सुरभित पवन।

जीवन तपस्या अब हुई
सम्पूर्ण मेरी प्यास की
तुम सजन सावन सदृश आये मेरे सर्वस्व घन।

अपराजेय

हर हाल में
यह ज़िन्दगानी जीत जाती है।

विद्रूप में
संवेदना के गीत गाती है
और नानी की तरह
क़िस्से सुनाती है
यह द्वार देहरी
और मुँडेरों पर
तन जलाती दीप बाती है।

सच कहूँ यह मन लुभाती
स्वप्ननयना यामिनी
तारों की लिखावट में
तमस के नाम पाती है

बाँच कर देखो इसे
इसकी इबारत में
उम्मीद की लौ जगमगाती है।

एक सवाल

क्या भविष्यत की
इबारत पढ़ सकोगे।

महायुद्धों सी
बहुत लम्बी है
अँधेरे से लड़ाई
लड़ सकोगे।

मुश्किलों की
गगनचुम्बी
सीढ़ियाँ ये
चढ़ सकोगे।

यार माटी के दिये
तिमिर पट पर
चाँद-सूरज
जड़ सकोगे।

शुक्रिया

शुक्रिया इस
मेहरबानी के लिए।

शुक्रिया
इन अँधेरे और
बीहड़ रास्तों पर
रोशनी सी
निगहबानी के लिए।

शुक्रिया
इस निरर्थक और
ऊबी ज़िन्दगी में
मायनों की मुकम्मल
शादमानी के लिए।

शुक्रिया
अब भी जलते जो
उम्मीदों के दिये
एक बेहतर और उजली
ज़िन्दगानी के लिए।

जाने क्यों

किसकी प्रत्याशा में
हिम जैसा गलता है
अब बेमानी आहों में
जलता है—जाने क्यों?

पहचानी डगर चला
भटक गया
बिखर गया
मंज़िल का सपना तक
अब अनजानी राहों पर
चलता है—जाने क्यों?

जीवन को विस्तारा
सिमट गया
टूट गई

पलने डोरी तक
अब बेगानी बाँहों में
पलता है—जाने क्यों?

क्या करें

साथ दे उत्पीड़ में
हम किसे चिन्हित करें
इस भीड़ में?

आँधियाँ हैरान इतना
कर गईं
बर्छियाँ उगने लगीं
अब चीड़ में।

ज़िन्दगी का एक
अनुभव यह भी है
चींटियाँ सी रेंगती
हैं रीढ़ में।

चोंच भर पानी
परिन्दे क्या करें
आग लगती जा रही
है नीड़ में।

ममता की मूरत

ममता की मूरत है तू
सपनों की सूरत है तू।

जन्मदात्री है जीवन की
बचपन की है ख़ुशहाली
सहज लाडली लक्ष्मी जैसी
जीवन पथ की हरियाली
मुँहमाँगी मन्नत है तू।

प्यारी बेटी बन के रचती
सतरंगी नन्दन वन को
जीवनसाथी बन के करती
पावन, सुधियों के मन को
ख़ुशियों की दौलत है तू।

जिसके बिना अधूरा जनमन
नारी ऐसी विशद साधना
नव जीवन का सरोकार है
नवल कामना शुभम भावना
गीतों की जन्नत है तू।

उम्मीद की दौड़

अगर सूरज निकल कर पूर्व से पश्चिम नहीं पहुँचे
गगन में चाँद तारों की नहीं सज पायेगी दुनिया।
अगर नदियाँ बहें और गोद में पहुँचें न सागर की
सृजन के रंग महलों से रची ढह जायेगी दुनिया।

अगर बदली उठे बरसे नहीं प्यासी ज़मीनों पर
धरा की ही जलन से पूर्णतः जल जायेंगे हम सब।
अगर जागे नहीं अब भी बचाने यह जगत सुन्दर
किसी भी ठौर ठंडे बर्फ़ से गल जायेंगे हम सब।

इसी से पहल ऐसी हो सलामत रह सके दुनिया
कि जो अपना बसेरा है और जो अपना सहारा है।
हमारे अपने काँधों पर टिका पर्यावरण अपना
यही अपनी रवानी है यही अपना किनारा है।

हम इस दौड़ में शामिल हैं एक उम्मीद को लेकर
यह हमारे उठे क़दमों को पता देगी ठिकानों का।
हम नया इतिहास रचने का समर्पण लेके निकले हैं
हमें चेहरा बदलना है—गये-गुज़रे ज़मानों का।

चींटियों के पाँव

फ़ासले सौ कोस लम्बे
और चलने को मिले हैं
चींटियों के पाँव।

अगम सागर में पड़े तृण की व्यथायें
कौन बाँचेगा विवशता की कथायें
शब्द गूँगे खोजते अभिव्यक्तियों के ठाँव

अनगिन समस्याओं से लदी यह ज़िन्दगी
ग्रीष्म में जल वंचिता सी नदी यह ज़िन्दगी
कूल पर जिसके बसे हैं युगों प्यासे गाँव।

प्राण कंचन धूल का कण हो गया है
दर्द का अनुवाद यह मन हो गया है

दग्ध देहों पर तनी है ताड़-वृक्षी छाँव।

और चलने को मिले हैं
चींटियों के पाँव।